算数が好きになる！
考える力がつく！

わくわく！
小学生のナンプレ

むずかしい

監修 エルカミノ代表 村上綾一
著 津内口真之

世界文化社

●はじめに ～おうちの方へ～

　ナンプレはナンバープレースというパズルの略称で、右図のように9マス×9マスの81マスに数字を書き込んでいくパズルです。縦1列に1から9、横1列にも1から9、3×3の太枠にも1から9の数字を入れていきます。シンプルながら奥が深く、世界中の人たちに愛されています。

　ルールは簡単ですが、実際チャレンジすると思いのほか頭を使います。その分、完成したときのスッキリ感はたまりません。達成感を存分に楽しんでいただけるパズルです。

柔軟な頭脳を育てるパズル

　パズルは学習への大切な導入になっています。実際、「パズルが学習に役立ったと実感している」という保護者の方が多くいらっしゃいます。パズルは頭脳に論理的な働きをさせます。理系科目で求められる思考回路と同じです。

　理系科目の得意なひとは、子どものころパズル好きだったとよく聞きませんか。頭脳が柔軟なうちに試行錯誤し論理的に考えることは、理系科目を得意にする土台作りです。

本書の取り組み方

　本書は小学校中学年から取り組める内容です。4×4のやさしいレベルからスタートします。飛ばしてレベルを上げたり、大人主導で進めたりすることは避けましょう。

　問題の半数にヒントがあります。ヒントはすぐに見ず、粘り強く取り組ませましょう。解けずにいる時間を楽しんでほしいと思います。

　ステップアップナンプレとして、不等号を使った「大きい数と小さい数」があります。難題に挑戦している自分に気づき、そんな自分を好きになってほしいです。それが理系科目を好きになるきっかけとなります。間違いに気づいたら、消して初めからやり直します。

集中することを学習の習慣にする

　小学生のうちに集中することを習慣にしてしまえば、やがて学習面、特に理系科目を得意にする可能性が大いに広がります。また、集中してものごとに取り組むことは、将来社会に出てからも活きます。

　集中して取り組むための工夫は、一日1問ないし2問と題数を決め、取り組み時間を何分と限ります。完成しなくても時間がきたらおわりにして、翌日、続きから始めます。これは難しい算数や数学を解く方法と同じです。

　本書では時間や問題数を決めて、無理なく取り組んでください。

ナンプレで考える力を伸ばそう！

論理思考力

　理系の主要科目である数学ができるか否かは、論理的に考えられるかどうかにかかっています。では論理的に考えられるようになるにはどうしたらいいのでしょう。

　実は、論理的に考えることができるというのは習慣です。挨拶ができる、早寝早起きができるなどと同じです。ですから低学年、10歳までに身につけておくことが理想です。とはいえ、子どもに「論理的に考えなさい」と言って身につくものではありません。

　そこでナンプレ。論理的な思考を習慣にする有効なツールのひとつです。最初は保護者の方と一緒に解くことをお勧めします。保護者の方が解いているのを見て、お子さんは「なるほど、こうやって解くのか」と理解します。あとは自分なりに頭を使って進められます。繰り返し解くことで、論理的な思考が訓練されます。

集中力

　我が子のことを「虫の図鑑を見だすと呼んでも気づかない」「野球の選手名を言い始めるとずっと言い続けてご飯も中断してしまう」などと語る親御さんにお目にかかることが、最近あまりありません。

　子どもたちが見せてくれるこんな集中力も、10歳までの習慣として身につくものです。集中力が受験や社会生活でも大切なのはいうまでもありません。

　ナンプレは集中力も鍛えます。ルールがわかり、自分なりに考えることができれば、あとは完成に向けてまっしぐら。試行錯誤を繰り返し、ついには「できた！」。ひとたび達成感を味わえば、さらに先に進みたくなります。

　最初は短時間でもいいので、深く集中することが大切です。やがて少しずつ長い時間集中できるようになっていきます。

　小学校低学年の時期から論理思考力と集中力を習慣にしてしまえば、やがて学習面、特に理系科目を得意にする可能性が大いに広がります。

エルカミノ代表
村上綾一

もくじ

はじめに　〜おうちの方へ〜 ……… 2
ナンプレで考える力を伸ばそう！ ……… 4

ナンプレのルールととき方 ……… 7

4×4ナンプレ ……… 15
休み時間パズル ……… 26

6×6ナンプレ ……… 27
休み時間パズル ……… 68

9×9ナンプレ ……… 69
休み時間パズル ……… 110

ステップアップナンプレ
大きい数と小さい数 ……… 111

答え ……… 129

ナンプレのルールととき方

この本には**3しゅるい**の
ナンプレがのっているよ。
ハリネズミ先生

4×4ナンプレ

タテ4マス、ヨコ4マスです。
1から4の数字を使います。

4			1
			3
		1	
1	2		4

6×6ナンプレ

タテ6マス、ヨコ6マスです。
1から6の数字を使います。

4		5			2
		6		1	
6	4				5
2				4	6
	3		6		
1			4		3

9×9ナンプレ

タテ9マス、ヨコ9マスです。
1から9の数字を使います。

3	1						9	6
			8	2				
2	9	4			1	7	5	
						8		1
8		5		7		9		4
9		1						
	8	3	6			1	4	9
				3	4			
4	5						7	2

4×4ナンプレ

【ルール】

❶ どのタテ列にも、1から4の数字が1つずつ入る。
❷ どのヨコ列にも、1から4の数字が1つずつ入る。
❸ 太い線でかこまれた4マスのブロックにも、1から4の数字が1つずつ入る。

↓タテ列の4マス

4	3	2	1
2	1	4	3
3	4	1	2
1	2	3	4

→ヨコ列の4マス
太い線でかこまれた4マス←

【とき方】

この3つのルールを守りながら、あいているマスに数字を書き入れていこう。

〈れい〉

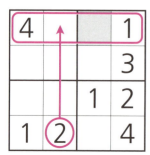

❶ いちばん右のタテ列には、もう1・3・4が入っていますね。この列で1つだけあいているマスに入る数字はどれでしょうか？ そう、1から4のうち、まだ入っていない2が入ります。マスに2と書き入れましょう。

❷ いちばん上のヨコ列に入っているのは、1と4。あいているマスには2と3が入りますが、もう2が入っている列には2を入れることはできませんね。
　2はグレーのマスにしか入れることができません。

6×6ナンプレ

【ルール】

❶ どのタテ列にも、1から6の数字が1つずつ入る。
❷ どのヨコ列にも、1から6の数字が1つずつ入る。
❸ 太い線でかこまれた6マスのブロックにも、1から6の数字が1つずつ入る。

↓タテ列の6マス

→ヨコ列の6マス

太い線でかこまれた6マス→

4	1	5	3	6	2
3	2	6	5	1	4
6	4	1	2	3	5
2	5	3	1	4	6
5	3	4	6	2	1
1	6	2	4	5	3

【とき方】

マスがふえても、心配なし！ ルールがしっかりわかっていれば、ちゃんととけるはずだよ。

〈れい〉

❶ 太い線でかこまれた左上のブロックを見てみましょう。1があるヨコ列には、もう1は入りません。グレーのマスに1が入ることになります。

❷ 太い線でかこまれた右上のブロックを見てみましょう。まわりに6がありますね。すでに6が入っているタテ列とヨコ列に6は入りません。このブロックで6が入るのは、グレーのマスしかありませんね。

9×9ナンプレ

【ルール】

❶ どのタテ列にも、1から9の数字が1つずつ入る。
❷ どのヨコ列にも、1から9の数字が1つずつ入る。
❸ 太い線でかこまれた9マスのブロックにも、1から9の数字が1つずつ入る。

↓タテ列の9マス

→ヨコ列の9マス

3	1	8	5	4	7	2	9	6
5	6	7	8	2	9	4	1	3
2	9	4	3	6	1	7	5	8
6	7	2	4	9	5	8	3	1
8	3	5	1	7	6	9	2	4
9	4	1	2	8	3	5	6	7
7	8	3	6	5	2	1	4	9
1	2	9	7	3	4	6	8	5
4	5	6	9	1	8	3	7	2

太い線でかこまれた9マス←

ブロックと列って何かな？

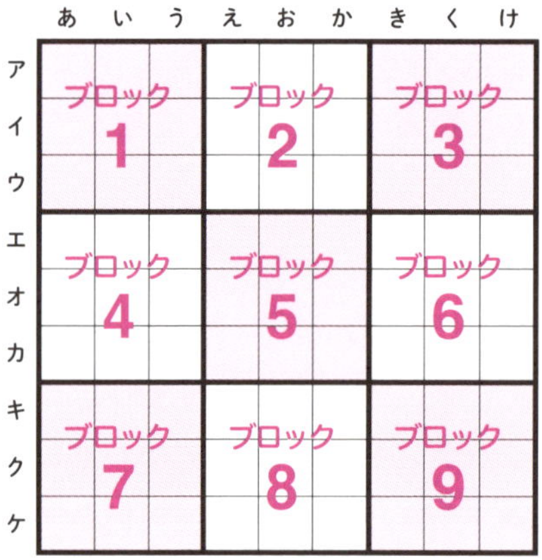

	あ	い	う	え	お	か	き	く	け
ア									
イ		ブロック 1			ブロック 2			ブロック 3	
ウ									
エ									
オ		ブロック 4			ブロック 5			ブロック 6	
カ									
キ									
ク		ブロック 7			ブロック 8			ブロック 9	
ケ									

9×9ナンプレのとき方では、列やブロックのせつ明に左の図を使います。タテ列はひらがなの「あ」から「け」、ヨコ列はカタカナの「ア」から「ケ」を使ってせつ明しています。また、ブロックは左上からじゅんに9つあります。

6×6ナンプレのとき方でも、列やブロックのせつ明に図を使います。図は27ページにあります。

【とき方】

マスの数も使う数字のしゅるいも多くなって、むずかしく見えるけど、問題をとく考え方はこれまでと同じだよ。

① 列を見て、入る数字を考える

〈れい〉

ヨコ「ウ列」を見ると、3つのマスがあいています。この列で、6の入るマスを考えてみましょう。

マス「えウ」は、同じタテ列に6が入っています。マス「けウ」は、同じブロックに6が入っています。つまり、マス「えウ」にも「けウ」にも6は入りません。6が入るのは、マス「おウ」しかありません。

同じ考え方で、数字が入るマスがほかにもありますよ。さがしてみましょう。

❷ タテ列・ヨコ列の数字を見る

タテ列とヨコ列の数字から、あいているマスに入る数字を考えてみましょう。

ここでは、タテ列とヨコ列にたくさんの数字が入っているマス「おキ」を考えます。

ヨコ「キ列」を見ると、まだこの列に入っていない数字は2・5・7の3つ。

そして、タテ「お列」を見ると、2と7がもう入っています。つまり、マス「おキ」には2・5・7のうちの、のこりの5が入るとわかりますね。

同じ数字は、1つの列に入らない。それは、数字が1から9になっても同じだよ。

マス「おキ」に、5と書き入れます。

同じ考え方で、数字が入るマスがほかにもありますよ。さがしてみましょう。

❸ ブロックで、あいているマスを見る

「太い線でかこまれたブロック」の中のあいているマスを考えてみます。

太い線でかこまれたブロック3を見てみましょう。

マス「けイ」に入る数字は何でしょうか？

同じブロックにすでに入っている5・6・7・9は入りませんね。そして、タテ「け列」には、1・4が入っています。ヨコ「イ列」には、2・8が入っています。

つまり、マス「けイ」と同じブロック、同じタテ列、同じヨコ列には、すでに、1・2・4・5・6・7・8・9が入っていることになりますね。

マス「けイ」に入る数字は、3しかありません。

マス「けイ」に、3と書き入れます。

❹ ブロックで、入る数字を考える

	あ	い	う	え	お	か	き	く	け
ア	3	1						9	6
イ				8	2				3
ウ	2	9	4		6	1	7	5	
エ							8		1
オ	8		5		7		9		4
カ	9		1						
キ		8	3	6	5		1	4	9
ク					3	4			
ケ	4	5						7	2

真ん中のブロック5を見ると、マスに入っている数字は7だけです。でも、このブロックに入る数字がわかりますよ。

タテ「か列」、ヨコ「エ列」と「カ列」には、すでに1が入っていますから、ほかのマスにはもう1は入りません。このブロックで1を入れることのできるマスは1つしかありません。

	あ	い	う	え	お	か	き	く	け
ア	3	1						9	6
イ				8	2				3
ウ	2	9	4		6	1	7	5	
エ							8		1
オ	8		5	1	7		9		4
カ	9		1						
キ		8	3	6	5		1	4	9
ク					3	4			
ケ	4	5						7	2

マス「えオ」に、1と書き入れます。

これからナンプレをといていくと、この考え方をとてもよく使いますよ。

「このマスにはこの数字しか入らない」「この数字はぜったいにこのマスに入るんだ」とわかったところにだけ、数字を書き入れよう。まずはヒントをさん考にしてといてみよう!

4×4

ナンプレ

4マス×4マスのナンプレから始めましょう。
ヒントを読みながら、1問ずつといていきましょう。

といた日： 月 日

3	1		
	2	1	3
2	4	3	
		4	2

使う数字：1 2 3 4

ヒント
ブロックを見ても、タテ列・ヨコ列を見ても、1マスだけあいているところがあるよ。まずはそこからとこう。

めざせ、花まる！　かかった時間　1分　5分　とけた

→ 答えは p.130

といた日： 月 日

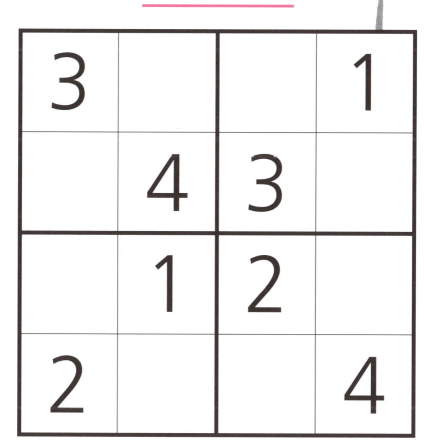

使う数字：1 2 3 4

ヒント
左上のブロックのあいているマスに入るのは、1か2だね。どちらのマスが1で、どちらのマスが2かな？

めざせ、花まる！

→ 答えは p.130

といた日： 月 日

		2	3
3	2		
		3	1
1	3		

使う数字：1 2 3 4

ヒント
4が1つも入っていない！ でも、列やブロックに1・2・3の数字が1つずつ入ったら、のこるマスは4だね。

といた日： 月 日

		4	
	2		1
3		2	
	4		

使う数字：1 2 3 4

ヒント
どれか1つの数字を全部入れてしまうとき方もあるよ。ためしに、4を全部入れてみよう。

答えは p.130

といた日: 　月　日

	1	4	
2			1
	3	2	

使う数字：1 2 3 4

ヒント
あと2マスあいている下のブロックからとき始めよう。下のブロックが入れば、あとはらくちんだよ。

答えは p.130

といた日： 月 日

	3	4	
	2		1

使う数字：1 2 3 4

ヒント
入っている数字は少なくなったけど、手がかりになるマスや数字がかならずあるよ。じっくりといていこう。

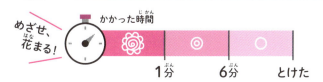

答えは p.130

といた日： 月 日

		4	
3			
			2
	3		

使う数字：1 2 3 4

008

といた日: 月 日

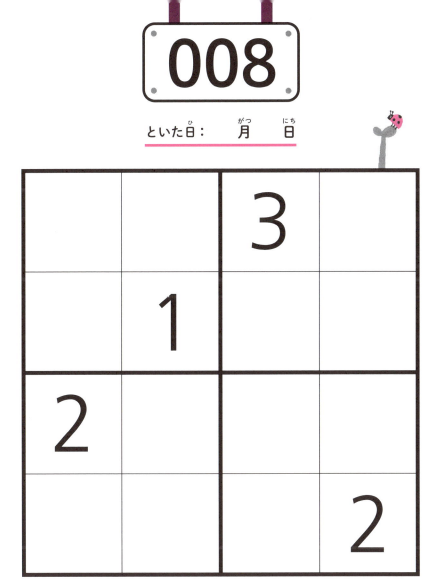

使う数字：1 2 3 4

といた日： 月 日

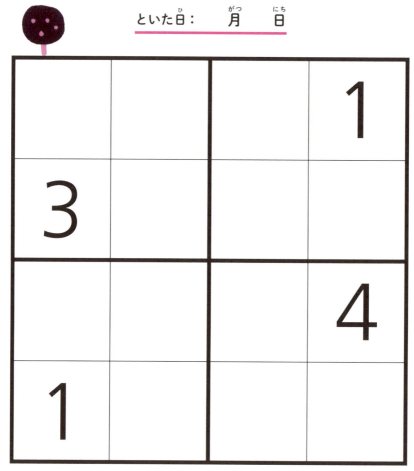

使う数字：1 2 3 4

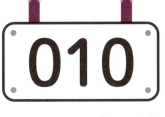

といた日： 月 日

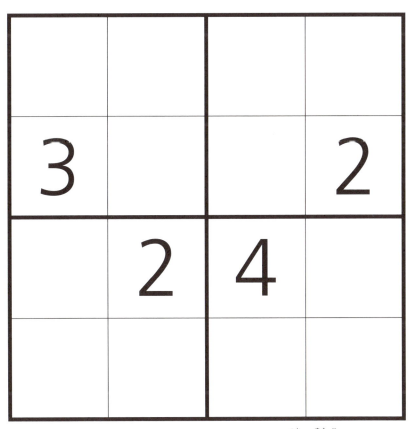

使う数字：1 2 3 4

休み時間パズル

なかよく分けて

休み時間だよ。ちがうパズルでひと休みしよう。

〈れい〉

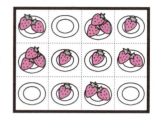

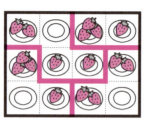

れいでは、イチゴを4つずつに分けています。

〈問題〉
点線にそって、イチゴを5つずつに分けましょう。

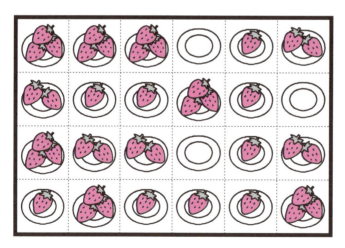

答えは p.141

6×6

ナンプレ

ここからは、6マス×6マスのナンプレがスタート。
ヒントで、マスをせつ明するときに記号を使っています。
タテ列は「あ」から「か」のひらがな、
ヨコ列は「ア」から「カ」のカタカナで表しています。
また、ブロックは左上からじゅんに1から6まであります。

といた日： 月 日

	あ	い	う	え	お	か
ア		1	6	4	5	2
イ	4	2		3		6
ウ	6	5	3	1		4
エ	2		1	5	6	3
オ	5		2		4	1
カ	1	6	4	2	3	

使う数字：1 2 3 4 5 6

ヒント
マスが1つだけあいている列やブロックに、数字を入れよう。使う数字は1から6だったね。

めざせ、花まる！

かかった時間　1分　6分　とけた

答えは p.131

といた日： 月 日

	あ	い	う	え	お	か
ア	1	4	6	3		2
イ		5	2	1	4	6
ウ	6	2			3	5
エ	4	3			6	1
オ	5	1	4	6	2	
カ	2		3	5	1	4

使う数字：1 2 3 4 5 6

ヒント
1マスだけあいているブロックはすぐに入れられるね。ブロック3のあいているマスには、どちらに1が入る？

答えは
p.131

といた日：　月　日

	あ	い	う	え	お	か
ア	4	3			6	2
イ	6		5	1		4
ウ		1	4	3	5	
エ		5	6	2	4	
オ	1		3	6		5
カ	5	6			1	3

使う数字：1 2 3 4 5 6

ヒント
同じ数字を1つの列やブロックに入れないように気をつけよう。かくにんしながらといていこう。

といた日： 月　日

	あ	い	う	え	お	か
ア	4		3	1	2	
イ	1	5		6	3	
ウ	3	4			6	1
エ	2	1			5	3
オ		2	1		4	6
カ		3	4	5		2

使う数字：1 2 3 4 5 6

ヒント
「い列」と「お列」のあいているマスに数字を入れれば、ブロック1とブロック6のあいているマスは1つだけ。

答えは p.131

といた日： 月 日

	あ	い	う	え	お	か
ア	2	5		1	3	
イ	4		3	6	2	
ウ	6		5		4	1
エ	1	3		5		2
オ		6	2	4		3
カ		4	1		5	6

使う数字：1 2 3 4 5 6

ヒント
どの列もどのブロックも、あいているマスは2つ。でも、まわりの数字を見て、しっかり考えればだいじょうぶ。

といた日：　月　日

	あ	い	う	え	お	か
ア	4	1	2		6	3
イ		6	3	1		2
ウ				4	1	5
エ	1	5	4			
オ	6		5	3	2	
カ	2	3		6	5	4

使う数字：1 2 3 4 5 6

ヒント
ブロック3は3マスあいていて、入る数字は2・3・6。
タテ列をよく見れば、どのマスに入るかがわかるね。

答えは p.131

といた日： 月 日

	あ	い	う	え	お	か
ア	3	6		4		5
イ	4		2		1	
ウ		2		6		3
エ	5		6		4	
オ		1		5		4
カ	6		5		3	2

使う数字：1 2 3 4 5 6

ヒント
タテなら「あ列」「か列」、ヨコなら「ア列」「カ列」、ブロックなら「ブロック1」「ブロック6」。どこもあと2マスだ。

といた日： 月 日

	あ	い	う	え	お	か
ア	4	2			1	5
イ			1	2		
ウ	2		5	1		4
エ	3		4	6		2
オ			3	5		
カ	1	5			6	3

使う数字：1 2 3 4 5 6

ヒント
どこがすぐに入りそうか、さがせるかな。タテなら「う列」「え列」、ヨコなら「ア列」「カ列」はどうかな。

答えは p.132

といた日： 月 日

	あ	い	う	え	お	か
ア		5		6	2	1
イ	6		2			4
ウ	2	3	1			
エ				1	3	2
オ	3			5		6
カ	1	6	5		4	

使う数字：1 2 3 4 5 6

ヒント
「か列」と「カ列」に1が入っているから、ブロック6で1の入るマスがわかるよ。こんな考え方でといてみよう。

答えは p.132

といた日： 月 日

	あ	い	う	え	お	か
ア		6	4		3	5
イ			3		1	6
ウ			5	6	2	
エ		1	2	3		
オ	4	3			5	
カ	2	5		1	4	

使う数字：1 2 3 4 5 6

ヒント
「あ列」には2が入っているね。同じ列にはもう2は入らないから、ブロック1で2の入るマスがわかるよ。

答えは p.132

といた日: 月 日

	あ	い	う	え	お	か
ア		2	1	6		3
イ	5			4		2
ウ	6			3	4	
エ		4	5			1
オ	2		4			6
カ	1		3	5	2	

使う数字：1 2 3 4 5 6

ヒント
「列に足りない数字」を考えても、「ブロックに足りない数字」を考えても、どちらからでもとけるよ。

答えは p.132

といた日： 月 日

	あ	い	う	え	お	か
ア				2	1	6
イ	6	1				4
ウ	1	5	3	4		
エ			6	5	3	1
オ	4				2	3
カ	3	2	1			

使う数字：1 2 3 4 5 6

ヒント
1・2・3は、すぐに全部入れられるね。でも、4・5・6は、じゅんを追って入れていかないとだめなんだ。

といた日： 月 日

	あ	い	う	え	お	か
ア		6				1
イ	3			5		4
ウ	2		1		4	
エ		4		2		5
オ	4		6			2
カ	1				3	

使う数字：1 2 3 4 5 6

ヒント
4がたくさん入っているね。ブロック1とブロック6で、4が入るマスはどこだろう？

答えは p.132

といた日： 月 日

	あ	い	う	え	お	か
ア			6	3	2	
イ		3				1
ウ		1		5		2
エ	5		4		6	
オ	2				3	
カ		4	5	2		

使う数字：1 2 3 4 5 6

ヒント

1・2・3・5・6なら、どの数字からでも入れていけるよ。
2つしか入っていない1だって、全部入れられるんだ。

めざせ、花まる！

答えは p.132

といた日： 月 日

	あ	い	う	え	お	か
ア			2			3
イ	4	6			5	
ウ	6	5		2		
エ			1		4	6
オ		3			1	4
カ	1			3		

使う数字：1 2 3 4 5 6

ヒント
6はすぐには入らないよ。ほかの数字を入れて、あいているマスが少なくなれば、6が入るマスもわかるよ。

答えは p.133

といた日：　月　日

	あ	い	う	え	お	か
ア		3				1
イ		1		5		4
ウ			6	2		3
エ	3		5	4		
オ	4		1		6	
カ	2				4	

使う数字：1 2 3 4 5 6

ヒント
「お列」にある6に注目してみよう。ブロック2とブロック4で6の入るマスがわかるよ。

答えは p.133

といた日： 月 日

	あ	い	う	え	お	か
ア			2	5	6	
イ		1				3
ウ	6			3	1	
エ		3	4			2
オ	2				4	
カ		6	1	2		

使う数字：1 2 3 4 5 6

ヒント
5は1つしか入っていないから、5は入れられないね。
たくさん入っている数字に注目してみよう。

答えは p.133

といた日： 月 日

	あ	い	う	え	お	か
ア				4	1	5
イ	4	1	5			
ウ		5			4	
エ		2			3	
オ				2	6	3
カ	3	6	2			

使う数字：1 2 3 4 5 6

ヒント
1や6はすぐには入れられないね。2マスあいている「い列」や「お列」からといてみよう。

といた日： 月 日

	あ	い	う	え	お	か
ア	2					3
イ	6		3	1		4
ウ		4			3	
エ		2			5	
オ	5		1	6		2
カ	4					5

使う数字：1 2 3 4 5 6

ヒント
3つ入っている数字がいくつかあるね。その数字はどれでも、入るマスがすぐに全部わかるよ。

といた日： 月 日

	あ	い	う	え	お	か
ア	2	4		6		
イ	6			3		
ウ	3				4	5
エ	5	1				6
オ			5			2
カ			2		1	3

使う数字：1 2 3 4 5 6

ヒント
2つしか入っていない1と4は、すぐには入るマスが全部わからないね。ほかの数字はどうかな。

答えは p.133

といた日： 月 日

	2			3	
4			5		6
3			1		5
6		5			2
2		3			4
	6			5	

使う数字：1 2 3 4 5 6

といた日： 月　日

	3				4
6		5		1	
3		1		5	
	2		1		6
	5		3		1
2				4	

使う数字：1 2 3 4 5 6

といた日： 月 日

	2	5			1
6					3
	3		6		
		4		2	
4					2
2			5	4	

使う数字：1 2 3 4 5 6

といた日： 月 日

4	5				
				2		4
	2		5		3
5		3		1	
3		6			
				4	6

使う数字：1 2 3 4 5 6

といた日： 月 日

	4		1		5
	1			3	
			6		2
6		1			
	3			6	
2		4		5	

使う数字：1 2 3 4 5 6

といた日： 月 日

2	6			1	
		4			3
		1			5
4			2		
1			3		
		5		4	6

使う数字：1 2 3 4 5 6

といた日：　月　日

					4
	5	4	6	2	
	3				
				6	
	1	2	3	5	
5					2

使う数字：1 2 3 4 5 6

038

といた日： 月 日

			4	5	
	6				1
4				2	6
6		3			5
	5			2	
		1	6		

使う数字：1 2 3 4 5 6

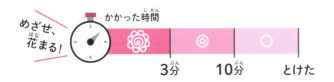

といた日： 月 日

	4				
		3		4	
2	1	5			4
6			5	1	2
	5		3		
				2	

使う数字：1 2 3 4 5 6

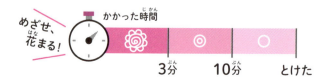

といた日： 月 日

					3
4			6	2	
				1	3
		6	1		
		4	3		2
5					4

使う数字：1 2 3 4 5 6

といた日： 月　日

			2	4	
	3				6
5				2	
		4			3
2				1	
		1	5		

使う数字：1 2 3 4 5 6

といた日： 月 日

				3	2
			5		4
			2		1
3				6	
1				5	
		6	4		

使う数字：1 2 3 4 5 6

といた日： 月 日

	4			5	
		1	2		
	6			3	
3					4
		3	4		
		2	1		

使う数字：1 2 3 4 5 6

といた日: 月 日

			4		
1				2	
	5			1	
	2			4	
		1			5
5			2		

使う数字:1 2 3 4 5 6

といた日： 月 日

5	1				6
				2	
		4	3		
		6	1		
	2				
3				4	5

使う数字：1 2 3 4 5 6

といた日： 月 日

	1				
6		3			
4		5		1	
	2		3		4
			2		6
				4	

使う数字：1 2 3 4 5 6

といた日： 月 日

		3	5		
	2			1	
6					1
	5			3	
		4	6		

使う数字：1 2 3 4 5 6

といた日： 月 日

2					
6			3		
		4		5	
		1		2	
			5		4
					6

使う数字：1 2 3 4 5 6

といた日： 月 日

		2			
	1		3		
4				2	
	6				4
		5		6	
			1		

使う数字：1 2 3 4 5 6

といた日： 月 日

					1
		4	3		
	1			6	
	3			5	
		2	4		
6					

使う数字：1 2 3 4 5 6

67

休み時間パズル

なかよく分けて

休み時間だよ。ちがうパズルでひと休みしよう。

〈れい〉

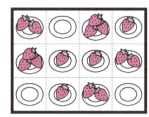

れいでは、イチゴを4つずつに分けています。

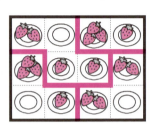

〈問題〉
点線にそって、リンゴを5つずつに分けましょう。

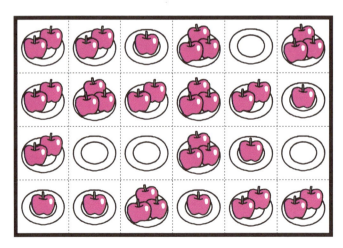

答えは p.141

9×9

ナンプレ

次は、9マス×9マスのナンプレにちょうせん！
ヒントで、マスをせつ明するときに記号を使っています。
タテ列は「あ」から「け」のひらがな、
ヨコ列は「ア」から「ケ」のカタカナで表しています。
また、ブロックは左上からじゅんに1から9まであります。

	あいうえお か き く け
ア イ ウ	ブロック 1 ブロック 2 ブロック 3
エ オ カ	ブロック 4 ブロック 5 ブロック 6
キ ク ケ	ブロック 7 ブロック 8 ブロック 9

といた日： 月 日

	あ	い	う	え	お	か	き	く	け
ア			9	8		3	6	1	
イ		4	7			5	8		2
ウ	1	6		4	9			3	7
エ	7		6	9	2			4	3
オ			3	5		1	7		
カ	2	1			6	7	9		8
キ	6	9			8	4		7	5
ク	8		5	2			4	6	
ケ		3	1	7		6	2		

使う数字：1 2 3 4 5 6 7 8 9

ヒント
ブロック3、ブロック5、ブロック7はあいているマスが3つ。3つのマスにはどの数字が入るか考えよう。

答えは p.136

といた日： 月 日

	あ	い	う	え	お	か	き	く	け
ア			9	5		8	4	3	7
イ		4			3			5	
ウ	3		7	1		2	9	6	8
エ	8		5	6		9	1		2
オ		9		8		3		7	
カ	7		2	4		1	3		9
キ	2	1	3	7		4	6		5
ク		7			9			1	
ケ	9	8	6	3		5	7		

使う数字：1 2 3 4 5 6 7 8 9

ヒント
「え列」や「か列」であいているマスは2マスだけ。ヨコ列にも2マスだけあいている列があるね。

といた日： 月 日

	あ	い	う	え	お	か	き	く	け
ア		2	4		9		1	7	
イ	1				6		4		3
ウ	7		6		3			4	9
エ		1		7	2	9		4	
オ	9	5	2				7	1	8
カ		3		8	5	1		6	
キ	8		9		1		5		4
ク	5			3		6			7
ケ		7	3		4		6	8	

使う数字：1 2 3 4 5 6 7 8 9

ヒント
「オ列」で考えてもブロック5で考えても、あいているマスは3マス。入る数字は3・4・6だね。

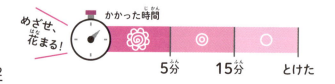

答えは p.136

といた日：　月　日

	あ	い	う	え	お	か	き	く	け
ア			6	4	9	1	8		
イ	9	2			8			4	5
ウ	1	8		5		3		6	9
エ	7			8		2			1
オ		4	1				3	7	
カ	3				1		4		6
キ	8	5		2		9		1	3
ク	6	3			1			2	4
ケ			2	3	6	5	9		

使う数字：1 2 3 4 5 6 7 8 9

ヒント
「オ列」で、2・8が入るマスはどこだろう？　また、「お列」で、2・4が入るマスはどこだろう？

答えは p.136

といた日： 月 日

	あ	い	う	え	お	か	き	く	け
ア	3		5	4			9	2	
イ			2	1		5		6	3
ウ	9	6	8		2				4
エ	2	5				1	3		9
オ			7	8		6	5		
カ		4		9	5			7	1
キ	6				7		3	8	9
ク	7	8		6		4	2		
ケ		3	1			9	7		6

使う数字：1 2 3 4 5 6 7 8 9

ヒント
真ん中のブロック5がすぐに入るけど、ブロック1や9、ブロック3や7からちょうせんしてもいいね。

答えは p.136

056

といた日： 月 日

	あ	い	う	え	お	か	き	く	け
ア			2	3		9		5	
イ		5	1		4		9	2	7
ウ	6	8			7	5		3	
エ	8				9		7		3
オ		7	3	1		2	8	4	
カ	4		5		8				6
キ		9		4	3			8	2
ク	2	3	4		5		1	6	
ケ		6		9		1	3		

使う数字：1 2 3 4 5 6 7 8 9

ヒント
「お列」で1の入るマス、「オ列」で6の入るマスを見つけよう。これで「お列」はあと1マス、「オ列」は2マスだ。

答えは p.136

といた日: 　月　日

	あ	い	う	え	お	か	き	く	け
ア	6				3	5		1	9
イ	4	9			1	2		7	8
ウ		1	8	7			2		
エ		5	3	1		6			4
オ	7	8						5	1
カ	1			9		8	7	3	
キ			2			1	5	9	
ク	9	3		5	2			4	6
ケ	5	7		4	8				3

使う数字：1 2 3 4 5 6 7 8 9

ヒント
真ん中をのぞいたどのブロックも4マスあいているね。
ブロックで考えれば、どこから入れてもよさそうだよ。

答えは p.137

といた日： 月 日

	あ	い	う	え	お	か	き	く	け
ア	9	1	7			2	8		
イ	4			7	3	5		9	
ウ	6		5		8		2		4
エ		4		8		7		1	9
オ		7	9				6	5	
カ	3	5		6		1		4	
キ	7		1		2		4		3
ク		6		3	1	8			7
ケ			3	9			5	6	1

使う数字：1 2 3 4 5 6 7 8 9

ヒント
「ブロック9にないのは、2・8・9」と考えるより、「ブロック9に2はないな」と考えたほうがときやすいんだ。

答えは p.137

といた日： 月 日

	あ	い	う	え	お	か	き	く	け
ア		8				9	6	5	2
イ	9	5		2		4			3
ウ			3			8			9
エ		6		5		1	4		7
オ		2		4		6		8	
カ	1		7		9	3		6	
キ	8			3			7		
ク	6				2	7		3	8
ケ	7	3	5	1				2	

使う数字：1 2 3 4 5 6 7 8 9

ヒント
ブロック3には4も8も入っていないね。タテ列やヨコ列を見て、4や8の入るマスを見つけよう。

答えは p.137

といた日: 月 日

	あ	い	う	え	お	か	き	く	け
ア			9		6	3	2		7
イ		7	3	8					
ウ	8	2		4	5				6
エ		8	6	3		9			4
オ	7		5				8		2
カ	1			2		5	6	7	
キ	3				4	6		2	9
ク					8		4	5	
ケ	5		7	9	2		3		

使う数字：1 2 3 4 5 6 7 8 9

ヒント
ブロック3やブロック7はヒントが少ないけど、タテ列とヨコ列の数字をよく見れば、すぐ入るマスもあるよ。

といた日： 月 日

	あ	い	う	え	お	か	き	く	け
ア		1		8		7		9	
イ	9		3		5		1		2
ウ		6		3		9		4	
エ	5		4		6		2		1
オ		8		1		2		7	
カ	1		7		3		9		8
キ		3		6		5		2	
ク	8		2		7		6		4
ケ		4		2		1		5	

使う数字：1 2 3 4 5 6 7 8 9

ヒント あいているマスはどこも同じくらいだね。こういう場合は、「多くわかっている数字」に注目してみよう。

といた日： 月 日

	あ	い	う	え	お	か	き	く	け
ア					3	4			1
イ	1	5	3		9	7			8
ウ	4	7	9				5	2	
エ				9	6		1	3	
オ		9	7				4	5	
カ		6	1		4	5			
キ		8	4				3	9	5
ク	7			4	5		8	1	2
ケ	9			3	8				

使う数字：1 2 3 4 5 6 7 8 9

ヒント
ブロック1やブロック9は、すぐに入りそうだけど、実はなかなか入らないんだ。意地悪な問題だね。

といた日： 月 日

	あ	い	う	え	お	か	き	く	け
ア	5	4					2	1	9
イ	6			1	2				8
ウ	2		8	7		4			
エ				2		9	3	7	
オ		3						2	
カ		2	1	4		6			
キ			2			1	8		6
ク	1				7	3			2
ケ	4	6	5					3	7

使う数字：1 2 3 4 5 6 7 8 9

ヒント
たくさん入っている数字は入れやすいんだったね。この問題では2。2が入るマスはあといくつあるかな？

答えは p.137

といた日： 月 日

	あ	い	う	え	お	か	き	く	け
ア	6				2	9	7		4
イ		1			6	4		2	
ウ	4		7				3		
エ	1	9		8		5			
オ	8	3						5	9
カ				2		1		6	3
キ			3				2		1
ク		4		6	5			8	
ケ	9		8	1	4				5

使う数字：1 2 3 4 5 6 7 8 9

ヒント
「列やブロックにない数字」をさがすより、入っている数字をヒントに、マスに入る数字をつきとめよう。

といた日: 月 日

	あ	い	う	え	お	か	き	く	け
ア		3	2				9	5	
イ	5			7	8	3			1
ウ	1						7	4	
エ		6	7	4	1				5
オ	3								2
カ	8				5	9	1	7	
キ		1	8						4
ク	6			2	4	8			9
ケ		9	5				8	2	

使う数字：1 2 3 4 5 6 7 8 9

ヒント
5はたくさん入っているけど、すぐに全部は入らないよ。
8もたくさんあるね。こちらはどうかな？

答えは p.138

といた日： 月 日

	あ	い	う	え	お	か	き	く	け
ア		1	4	7	8				
イ		6			5			9	2
ウ			2	3			1		7
エ				2		8	4		5
オ	4	2						8	1
カ	1		7	6		5			
キ	5		1			4	9		
ク	2	9			3			1	
ケ					9	7	5	2	

使う数字：1 2 3 4 5 6 7 8 9

ヒント
「イ列」に2があり「ウ列」にも2があるから、ブロック2で2が入るマスは…。このとき方をマスターしよう。

答えは p.138

といた日：　月　日

	あ	い	う	え	お	か	き	く	け
ア			8	4		7	3		
イ		4		3		8		5	
ウ	3				9				7
エ	6	8			2			4	3
オ				7		6			
カ	2	9			5			7	1
キ	1				8				2
ク		7		1		2		6	
ケ			3	6		9	8		

使う数字：1 2 3 4 5 6 7 8 9

ヒント
ブロック4なら7の入るマス、ブロック6なら6の入るマスが、ヨコ列をよく見ればわかるよね。

答えは p.138

といた日： 月 日

	あ	い	う	え	お	か	き	く	け
ア		7	4			2	5		
イ				5		6	8		
ウ	8	6		4				1	
エ	5	2			7			8	
オ			9	3		5	1		
カ		1			4			6	5
キ		9			1			4	2
ク			1	6		3			
ケ			3	8			6	9	

使う数字：1 2 3 4 5 6 7 8 9

ヒント
8はあまり多くは入っていないけど、1つ1つ入れていけば、全部の8を入れることができるんだよ。

といた日： 月 日

	あ	い	う	え	お	か	き	く	け
ア	4	2						5	6
イ		6			7			9	
ウ			7	3		2	1		
エ	3			1		8			5
オ		4	1				2	3	
カ	5			9		4			1
キ			9	7		6	5		
ク		3			9			2	
ケ	6	8						1	7

使う数字：1 2 3 4 5 6 7 8 9

ヒント
ブロック5では2・3・7が入るマスはわかるけど、そこでストップ。こんなときはほかのマスを入れていこう。

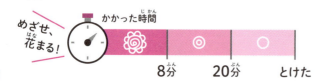

といた日： 月 日

	あ	い	う	え	お	か	き	く	け
ア			7		2			9	
イ			5	6	1			3	
ウ	1	8		7			6		
エ	4			5			7		
オ	2	6		9		8		4	5
カ			3			2			1
キ			2			9		6	3
ク		1			4	6	2		
ケ		4			8		5		

使う数字：1 2 3 4 5 6 7 8 9

ヒント
ヒントの数字がだんだん少なくなってきたね。でも、考え方は同じ。1つ1つのマスをかく実に入れよう！

といた日： 月　日

1		5	2	4				
	8				6	1	9	
	6			3				5
	3		1		9			2
5		6				9		7
7			5		4		1	
6				9		2		
	5	8	4				6	
				2	3	5		8

使う数字：1 2 3 4 5 6 7 8 9

といた日： 月 日

	6				5		8		
	1				7	9	2		
		8	3	1					9
		7		3					4
		4	2	5		6	9	1	
	9					1		2	
	7					8	5	6	
			6	9	2				8
			5		1				3

使う数字：1 2 3 4 5 6 7 8 9

といた日： 月 日

		7		1		3		
2	9						6	8
		4	9		6	1		
	1			6			9	
7			5		8			3
	8			3			7	
		5	3		7	9		
4	7						2	1
		8		4		6		

使う数字：1 2 3 4 5 6 7 8 9

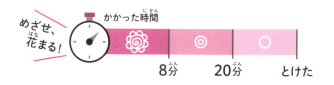

といた日： 月 日

	2				9		1	
4				2		8		3
	6	5		7		4		
1			4		3			
	8	3				1		9
			2		8			6
		1		3		2	4	
8		4		5				7
		9	7				3	

使う数字：1 2 3 4 5 6 7 8 9

といた日： 月 日

				3			6	1
	8	4		2				9
	6		4		7			
		5	9		1	6		
6	4						3	5
		9	6		3	7		
			2		5		4	
4				1		8	2	
3	1			8				

使う数字：1 2 3 4 5 6 7 8 9

といた日： 月 日

2			5	4				
		7			6	3	2	
	9	3					6	
5			3	6			8	
3			7		1			2
	6			5	8			7
	2					5	1	
	8	9	2			7		
				1	4			8

使う数字：1 2 3 4 5 6 7 8 9

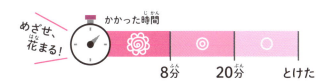

といた日： 月 日

				3			6	4
2	9			4				
6	8				2	3		
1	5				3	4		
		2	4		7	1		
		7	5				9	2
		6	2				8	7
				6			4	3
7	4			9				

使う数字：1 2 3 4 5 6 7 8 9

といた日： 月 日

			9	6		4	3	
	9	8						1
5				1	3	2		
1			2			5		
	4		8		1		2	
	5				4			6
		2	6	3				8
6						1	9	
	7	9		2	5			

使う数字：1 2 3 4 5 6 7 8 9

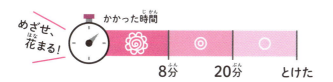

といた日： 月 日

	9	4				8	1	
				3			5	7
3				7	1			
6	2			1	5			
1		3				4		5
			2	8			6	9
			6	5				2
	7	5			4			
	6	8				9	5	

使う数字：1 2 3 4 5 6 7 8 9

といた日：　月　日

4	7		9	5				
1				7				4
	8		6			3		5
		5			1		4	
	2		4		7		9	
	3		2			8		
6		7			3		8	
5				8				7
			2	6			5	1

使う数字：1 2 3 4 5 6 7 8 9

といた日： 月 日

6			4	5				8
		2			6	4		
	8						2	
4		3		8	1			9
		6				3		
8			9	7		5		4
	6						1	
		5	3			8		
7				6	5			2

使う数字：1 2 3 4 5 6 7 8 9

といた日： 月 日

	8			6				1
1	9			8			3	
		6			5	9		
				6		9	7	
7	3						9	4
		4	1		3			
		3	7			1		
	2			5			8	9
5				3		4		

使う数字：1 2 3 4 5 6 7 8 9

といた日： 月 日

	7			4			9	
	8				5	4		1
5				1			6	
				7		1	8	
7		8					9	4
	2		3		4			
	4			6				3
3		9	4				1	
	6			7		5		

使う数字：1 2 3 4 5 6 7 8 9

といた日： 月 日

				9	6		7	2
3				8		6		4
	7	5						
9			5		7			
	3	7				1	4	
			1		2			3
						2	3	
4		1		7				8
5	2		8	1				

使う数字：1 2 3 4 5 6 7 8 9

といた日： 月 日

	3			4				1
2	1				8	9	3	
4				1				
5				9		2		
	7			4		3		1	
		8			5			7
					7			3
	9	7	8				4	5
1				2			9	

使う数字：1 2 3 4 5 6 7 8 9

といた日： 月 日

	9	1	7			8		
4				5			7	
6				8				9
	7		1		2		3	
		9				4		
	4		8		6		1	
1				6				2
	6			7				8
		2			5	6	4	

使う数字：1 2 3 4 5 6 7 8 9

といた日：　月　日

		4	1					
		9	6				5	3
2	3				7	1		
7	1			8				
		2	9		3	5		
				4			7	2
		1	8				4	9
9	4				5	3		
					4	8		

使う数字：1 2 3 4 5 6 7 8 9

といた日： 月 日

	1	7						9
9			8	6			7	
2					3	1		
	5			3		7		
	7		6		2		3	
		2		9			8	
		6	1					8
	8			4	7			1
4						5	2	

使う数字：1 2 3 4 5 6 7 8 9

といた日： 月 日

7					5	8		
		8	4				1	
	3	1		9				2
	4			8				7
		2	1		9	4		
5				3			6	
3				6		2	9	
	8				2	5		
		4	7					1

使う数字：1 2 3 4 5 6 7 8 9

といた日(ひ)： 月(がつ) 日(にち)

							7	9
3	2							
		9		4		6		
			9		3			
		5		2		1		
4	8						6	3
		3		7		5		
			2		6			
		4		9		7		
6	9						8	5

使(つか)う数字(すうじ)：1 2 3 4 5 6 7 8 9

休み時間だよ。
ちがうパズルで
ひと休みしよう。

なかよく分けて

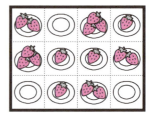

〈れい〉

れいでは、イチゴを4つずつに分けています。

〈問題〉
点線にそって、サクランボを7つずつに分けましょう。
🍒のサクランボは2つと考えます。

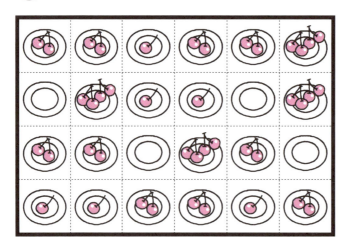

答えは
p.141

ステップアップ
ナンプレ

大きい数と小さい数

さい後に、不等号の記号を使ったナンプレにちょうせんしましょう。不等号の向きに合うように、決められた数字をマスに入れます。

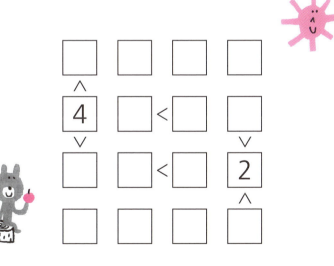

ステップアップナンプレ 大きい数と小さい数

【ルールととき方】

不等号の向きに合うように、決められた数字をマスに入れます。ナンプレと同じように、タテ・ヨコそれぞれの列で、数字は1つずつ入ります。同じ列に同じ数字は入りません。ここでは、1から4の数字を使います。

不等号　＞ → 左のほうが右より大きいことを表す　　3＞1
　　　　　＜ → 右のほうが左より大きいことを表す　　2＜4

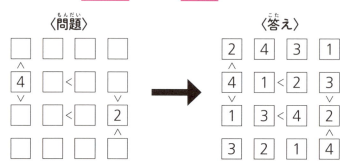

1から4の数字を使います。

 いっしょに右の問題をといてみよう。

❶ 「あ」のマスには2より「大きい」数が入ります。使う数字は1から4なので、2より大きいのは3か4。でも、「あ」のヨコ列を見るともう4が入っています。「あ」には「3」が入ります。では、「い」のマスはいくつでしょうか？ 「4」ですね。

4		<	あ
		<	2
			い

❷ 同じ列には同じ数字を入れられないのですから、「う」と「え」のマスには、1と2のどちらかが入ることになります。不等号の向きに注意すれば、どちらのマスにどの数字が入るかわかりますね。

4	う < え	3
		<	2
			4

❸ 「お」「か」「き」の列で、4が入るのはどのマスでしょうか？「お」には入りませんね。また、「か」に4が入ると、「き」のマスには4よりも大きい数が入ることになってしまいます。「4」は「き」に入るとわかります。

4	1 < 2	3
お	か	< き	2
			4

❹ 「同じ列に同じ数字は入らない」のがルールですから、「く」「こ」のマスのタテ列、また「け」「さ」のマスのタテ列も、どちらのマスにどの数字が入るかがわかりますね。

	く	け	1
4	1 < 2	3
1	3 < 4	2
	こ	さ	4

113

といた日： 月 日

不等号の向きに合うように、1から3の数字をマスに入れます。ナンプレと同じように、タテ・ヨコそれぞれの列で、数字は1つずつ入ります。同じ列に同じ数字は入りません。

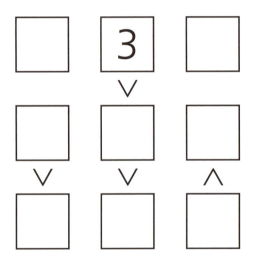

といた日： 月 日

不等号の向きに合うように、1から3の数字をマスに入れます。

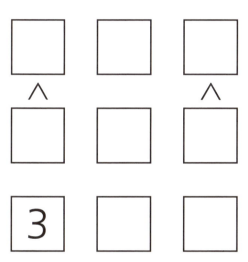

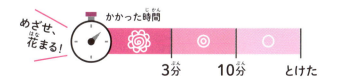

といた日： 月 日

不等号の向きに合うように、1から3の数字をマスに入れます。

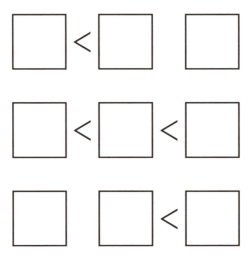

といた日: 　月　日

不等号の向きに合うように、1から4の数字をマスに入れます。

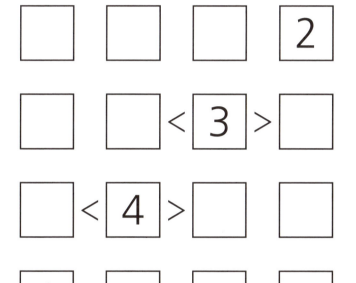

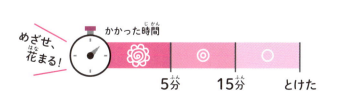

といた日： 月 日

不等号の向きに合うように、1から4の数字をマスに入れます。

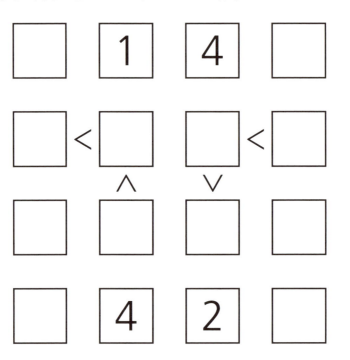

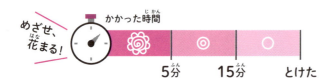

といた日： 月 日

不等号の向きに合うように、1から4の数字をマスに入れます。

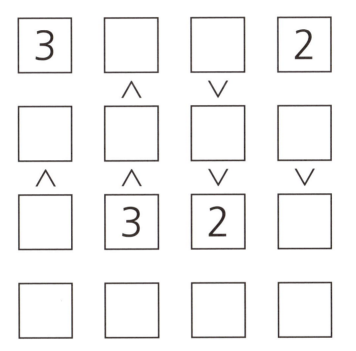

といた日： 月 日

不等号の向きに合うように、1から4の数字をマスに入れます。

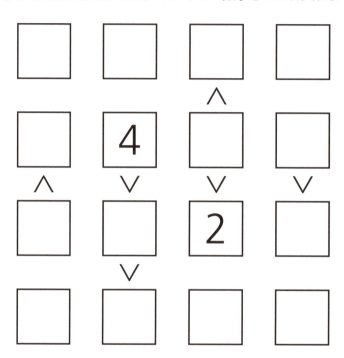

といた日： 月 日

不等号の向きに合うように、1から4の数字をマスに入れます。

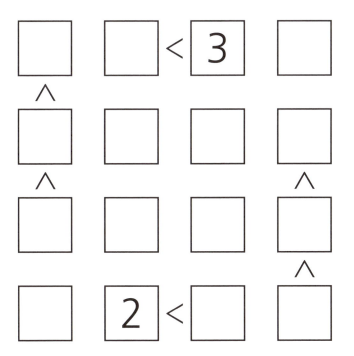

といた日: 月 日

不等号の向きに合うように、1から4の数字をマスに入れます。

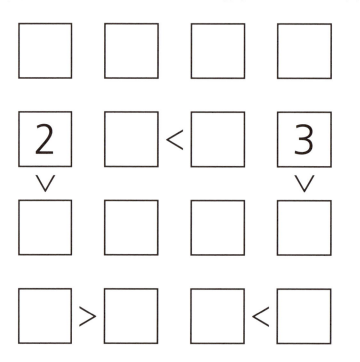

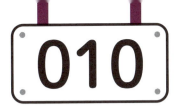

といた日： 月 日

不等号の向きに合うように、1から4の数字をマスに入れます。

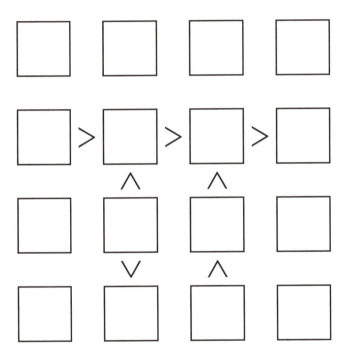

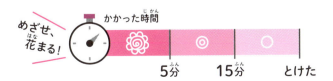

といた日： 月 日

不等号の向きに合うように、1から4の数字をマスに入れます。

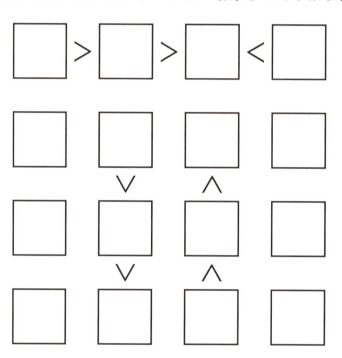

といた日： 月 日

不等号の向きに合うように、1から5の数字をマスに入れます。

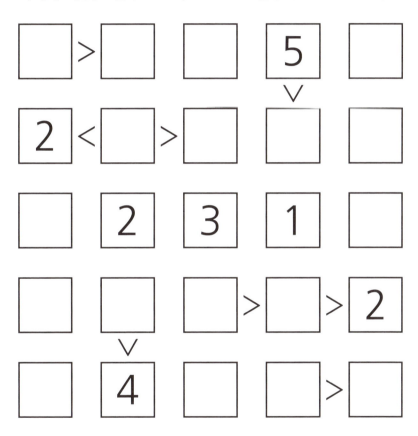

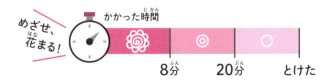

といた日： 月 日

不等号の向きに合うように、1から5の数字をマスに入れます。

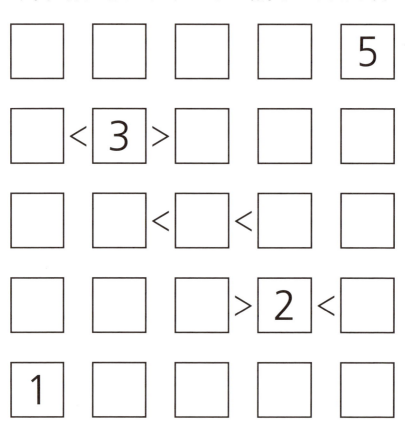

といた日： 月 日

不等号の向きに合うように、1から5の数字をマスに入れます。

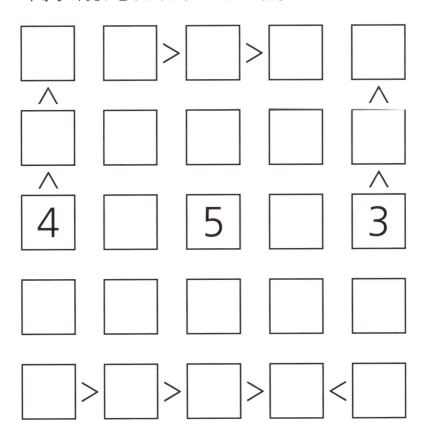

といた日: 　月　日

不等号の向きに合うように、1から5の数字をマスに入れます。

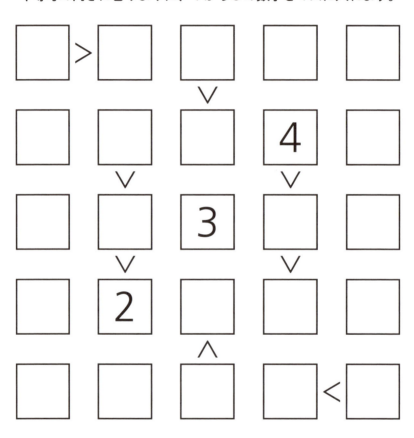

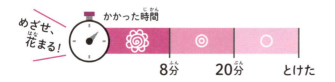

答え

ANSWER

問題がとけたら、答え合わせをしましょう！
まちがっていたら、もう一度といてみましょう！

001

3	1	2	4
4	2	1	3
2	4	3	1
1	3	4	2

002

3	2	4	1
1	4	3	2
4	1	2	3
2	3	1	4

003

4	1	2	3
3	2	1	4
2	4	3	1
1	3	4	2

004

1	3	4	2
4	2	3	1
3	1	2	4
2	4	1	3

005

4	2	1	3
3	1	4	2
2	4	3	1
1	3	2	4

006

2	4	1	3
3	1	4	2
1	3	2	4
4	2	3	1

007

1	2	4	3
3	4	2	1
4	1	3	2
2	3	1	4

008

4	2	3	1
3	1	2	4
2	4	1	3
1	3	4	2

009

4	2	3	1
3	1	4	2
2	3	1	4
1	4	2	3

010

2	1	3	4
3	4	1	2
1	2	4	3
4	3	2	1

011

3	1	6	4	5	2
4	2	5	3	1	6
6	5	3	1	2	4
2	4	1	5	6	3
5	3	2	6	4	1
1	6	4	2	3	5

012

1	4	6	3	5	2
3	5	2	1	4	6
6	2	1	4	3	5
4	3	5	2	6	1
5	1	4	6	2	3
2	6	3	5	1	4

013

4	3	1	5	6	2
6	2	5	1	3	4
2	1	4	3	5	6
3	5	6	2	4	1
1	4	3	6	2	5
5	6	2	4	1	3

014

4	6	3	1	2	5
1	5	2	6	3	4
3	4	5	2	6	1
2	1	6	4	5	3
5	2	1	3	4	6
6	3	4	5	1	2

015

2	5	6	1	3	4
4	1	3	6	2	5
6	2	5	3	4	1
1	3	4	5	6	2
5	6	2	4	1	3
3	4	1	2	5	6

016

4	1	2	5	6	3
5	6	3	1	4	2
3	2	6	4	1	5
1	5	4	2	3	6
6	4	5	3	2	1
2	3	1	6	5	4

017

3	6	1	4	2	5
4	5	2	3	1	6
1	2	4	6	5	3
5	3	6	2	4	1
2	1	3	5	6	4
6	4	5	1	3	2

018

4	2	6	3	1	5
5	3	1	2	4	6
2	6	5	1	3	4
3	1	4	6	5	2
6	4	3	5	2	1
1	5	2	4	6	3

019

4	5	3	6	2	1
6	1	2	3	5	4
2	3	1	4	6	5
5	4	6	1	3	2
3	2	4	5	1	6
1	6	5	2	4	3

020

1	6	4	2	3	5
5	2	3	4	1	6
3	4	5	6	2	1
6	1	2	3	5	4
4	3	1	5	6	2
2	5	6	1	4	3

021

4	2	1	6	5	3
5	3	6	4	1	2
6	1	2	3	4	5
3	4	5	2	6	1
2	5	4	1	3	6
1	6	3	5	2	4

022

5	3	4	2	1	6
6	1	2	3	5	4
1	5	3	4	6	2
2	4	6	5	3	1
4	6	5	1	2	3
3	2	1	6	4	5

023

5	6	4	3	2	1
3	1	2	5	6	4
2	5	1	6	4	3
6	4	3	2	1	5
4	3	6	1	5	2
1	2	5	4	3	6

024

1	5	6	3	2	4
4	3	2	6	5	1
6	1	3	5	4	2
5	2	4	1	6	3
2	6	1	4	3	5
3	4	5	2	1	6

025

5	1	2	4	6	3
4	6	3	1	5	2
6	5	4	2	3	1
3	2	1	5	4	6
2	3	5	6	1	4
1	4	6	3	2	5

026

5	3	4	6	2	1
6	1	2	5	3	4
1	4	6	2	5	3
3	2	5	4	1	6
4	5	1	3	6	2
2	6	3	1	4	5

027

3	4	2	5	6	1
5	1	6	4	2	3
6	2	5	3	1	4
1	3	4	6	5	2
2	5	3	1	4	6
4	6	1	2	3	5

028

2	3	6	4	1	5
4	1	5	3	2	6
1	5	3	6	4	2
6	2	4	5	3	1
5	4	1	2	6	3
3	6	2	1	5	4

029

2	1	4	5	6	3
6	5	3	1	2	4
1	4	5	2	3	6
3	2	6	4	5	1
5	3	1	6	4	2
4	6	2	3	1	5

030

2	4	3	6	5	1
6	5	1	3	2	4
3	2	6	1	4	5
5	1	4	2	3	6
1	3	5	4	6	2
4	6	2	5	1	3

031

5	2	6	4	3	1
4	3	1	5	2	6
3	4	2	1	6	5
6	1	5	3	4	2
2	5	3	6	1	4
1	6	4	2	5	3

032

1	3	2	5	6	4
6	4	5	2	1	3
3	6	1	4	5	2
5	2	4	1	3	6
4	5	6	3	2	1
2	1	3	6	4	5

033

3	2	5	4	6	1
6	4	1	2	5	3
5	3	2	6	1	4
1	6	4	3	2	5
4	5	6	1	3	2
2	1	3	5	4	6

034

4	5	2	6	3	1
6	3	1	2	5	4
1	2	4	5	6	3
5	6	3	4	1	2
3	4	6	1	2	5
2	1	5	3	4	6

035

3	4	6	1	2	5
5	1	2	4	3	6
4	5	3	6	1	2
6	2	1	5	4	3
1	3	5	2	6	4
2	6	4	3	5	1

036

2	6	3	5	1	4
5	1	4	6	2	3
6	2	1	4	3	5
4	3	5	2	6	1
1	4	6	3	5	2
3	5	2	1	4	6

037

1	2	6	5	3	4
3	5	4	6	2	1
6	3	1	2	4	5
2	4	5	1	6	3
4	1	2	3	5	6
5	6	3	4	1	2

038

1	3	4	5	6	2
5	6	2	3	1	4
4	1	5	2	3	6
6	2	3	1	4	5
3	5	6	4	2	1
2	4	1	6	5	3

039

1	4	6	2	5	3
5	2	3	1	4	6
2	1	5	6	3	4
6	3	4	5	1	2
4	5	2	3	6	1
3	6	1	4	2	5

040

1	2	6	4	5	3
4	3	5	6	2	1
2	5	4	1	3	6
3	6	1	2	4	5
6	4	3	5	1	2
5	1	2	3	6	4

041

6	1	2	4	3	5
4	3	5	1	2	6
5	6	3	2	4	1
1	2	4	6	5	3
2	5	6	3	1	4
3	4	1	5	6	2

042

4	1	6	3	2	5
2	3	5	1	6	4
6	5	2	4	3	1
3	4	1	6	5	2
1	2	3	5	4	6
5	6	4	2	1	3

043

2	4	6	3	5	1
5	3	1	2	4	6
1	6	4	5	3	2
3	2	5	6	1	4
6	1	3	4	2	5
4	5	2	1	6	3

044

2	6	4	1	5	3
1	3	5	6	2	4
4	5	6	3	1	2
3	2	1	5	4	6
6	1	2	4	3	5
5	4	3	2	6	1

045

5	1	2	4	3	6
6	4	3	5	2	1
1	5	4	3	6	2
2	3	6	1	5	4
4	2	5	6	1	3
3	6	1	2	4	5

046

2	1	4	5	6	3
6	5	3	4	2	1
4	3	5	6	1	2
1	2	6	3	5	4
5	4	1	2	3	6
3	6	2	1	4	5

047

1	6	3	5	4	2
4	2	5	3	1	6
6	3	2	4	5	1
5	4	1	2	6	3
2	5	6	1	3	4
3	1	4	6	2	5

048

2	3	4	1	6	5
6	5	1	3	4	2
3	4	2	6	5	1
5	1	6	4	2	3
1	6	5	2	3	4
4	2	3	5	1	6

049

5	3	2	4	1	6
6	1	4	3	5	2
4	5	3	6	2	1
2	6	1	5	3	4
1	4	5	2	6	3
3	2	6	1	4	5

050

5	2	3	6	4	1
1	6	4	3	2	5
4	1	5	2	6	3
2	3	6	1	5	4
3	5	2	4	1	6
6	4	1	5	3	2

051

5	2	9	8	7	3	6	1	4
3	4	7	6	1	5	8	9	2
1	6	8	4	9	2	5	3	7
7	5	6	9	2	8	1	4	3
9	8	3	5	4	1	7	2	6
2	1	4	3	6	7	9	5	8
6	9	2	1	8	4	3	7	5
8	7	5	2	3	9	4	6	1
4	3	1	7	5	6	2	8	9

052

1	2	9	5	6	8	4	3	7
6	4	8	9	3	7	2	5	1
3	5	7	1	4	2	9	6	8
8	3	5	6	7	9	1	4	2
4	9	1	8	2	3	5	7	6
7	6	2	4	5	1	3	8	9
2	1	3	7	8	4	6	9	5
5	7	4	2	9	6	8	1	3
9	8	6	3	1	5	7	2	4

053

3	2	4	5	9	8	1	7	6
1	9	5	6	7	4	8	2	3
7	8	6	1	3	2	4	5	9
6	1	8	7	2	9	3	4	5
9	5	2	4	6	3	7	1	8
4	3	7	8	5	1	9	6	2
8	6	9	2	1	7	5	3	4
5	4	1	3	8	6	2	9	7
2	7	3	9	4	5	6	8	1

054

5	7	6	4	9	1	8	3	2
9	2	3	6	8	7	1	4	5
1	8	4	5	2	3	7	6	9
7	6	5	8	3	2	4	9	1
2	4	1	9	5	6	3	7	8
3	9	8	1	7	4	2	5	6
8	5	7	2	4	9	6	1	3
6	3	9	7	1	8	5	2	4
4	1	2	3	6	5	9	8	7

055

3	1	5	4	6	8	9	2	7
4	7	2	1	9	5	8	6	3
9	6	8	3	2	7	1	5	4
2	5	6	7	1	3	4	9	8
1	9	7	8	4	6	5	3	2
8	4	3	9	5	2	6	7	1
6	2	4	5	7	1	3	8	9
7	8	9	6	3	4	2	1	5
5	3	1	2	8	9	7	4	6

056

7	4	2	3	1	9	6	5	8
3	5	1	6	4	8	9	2	7
6	8	9	2	7	5	4	3	1
8	2	6	5	9	4	7	1	3
9	7	3	1	6	2	8	4	5
4	1	5	7	8	3	2	9	6
1	9	7	4	3	6	5	8	2
2	3	4	8	5	7	1	6	9
5	6	8	9	2	1	3	7	4

057

6	2	7	8	3	5	4	1	9
4	9	5	6	1	2	3	7	8
3	1	8	7	9	4	2	6	5
2	5	3	1	7	6	9	8	4
7	8	9	2	4	3	6	5	1
1	6	4	9	5	8	7	3	2
8	4	2	3	6	1	5	9	7
9	3	1	5	2	7	8	4	6
5	7	6	4	8	9	1	2	3

058

9	1	7	4	6	2	8	3	5
4	8	2	7	3	5	1	9	6
6	3	5	1	8	9	2	7	4
2	4	6	8	5	7	3	1	9
1	7	9	2	4	3	6	5	8
3	5	8	6	9	1	7	4	2
7	9	1	5	2	6	4	8	3
5	6	4	3	1	8	9	2	7
8	2	3	9	7	4	5	6	1

059

4	8	1	7	3	9	6	5	2
9	5	6	2	4	1	8	7	3
2	7	3	6	5	8	1	4	9
3	6	8	5	1	2	4	9	7
5	2	9	4	7	6	3	8	1
1	4	7	8	9	3	2	6	5
8	9	2	3	6	5	7	1	4
6	1	4	9	2	7	5	3	8
7	3	5	1	8	4	9	2	6

060

4	5	9	1	6	3	2	8	7
6	7	3	8	9	2	1	4	5
8	2	1	4	5	7	9	3	6
2	8	6	3	7	9	5	1	4
7	3	5	6	1	4	8	9	2
1	9	4	2	8	5	6	7	3
3	1	8	5	4	6	7	2	9
9	6	2	7	3	8	4	5	1
5	4	7	9	2	1	3	6	8

061

4	1	5	8	2	7	3	9	6
9	7	3	4	5	6	1	8	2
2	6	8	3	1	9	5	4	7
5	9	4	7	6	8	2	3	1
3	8	6	1	9	2	4	7	5
1	2	7	5	3	4	9	6	8
7	3	1	6	4	5	8	2	9
8	5	2	9	7	3	6	1	4
6	4	9	2	8	1	7	5	3

062

6	2	8	5	3	4	9	7	1
1	5	3	2	9	7	6	4	8
4	7	9	8	1	6	5	2	3
5	4	2	9	6	8	1	3	7
8	9	7	1	2	3	4	5	6
3	6	1	7	4	5	2	8	9
2	8	4	6	7	1	3	9	5
7	3	6	4	5	9	8	1	2
9	1	5	3	8	2	7	6	4

063

5	4	7	3	6	8	2	1	9
6	9	3	1	2	4	7	5	8
2	1	8	7	9	5	4	6	3
8	5	6	2	1	9	3	7	4
9	3	4	8	5	7	6	2	1
7	2	1	4	3	6	9	8	5
3	7	2	5	4	1	8	9	6
1	8	9	6	7	3	5	4	2
4	6	5	9	8	2	1	3	7

064

6	8	5	3	2	9	7	1	4
3	1	9	7	6	4	5	2	8
4	2	7	5	1	8	3	9	6
1	9	6	8	3	5	4	7	2
8	3	2	4	7	6	1	5	9
7	5	4	2	9	1	8	6	3
5	6	3	9	8	7	2	4	1
2	4	1	6	5	3	9	8	7
9	7	8	1	4	2	6	3	5

065

7	3	2	1	6	4	9	5	8
5	4	9	7	8	3	2	6	1
1	8	6	9	2	5	7	4	3
9	6	7	4	1	2	3	8	5
3	5	1	8	7	6	4	9	2
8	2	4	3	5	9	1	7	6
2	1	8	5	9	7	6	3	4
6	7	3	2	4	8	5	1	9
4	9	5	6	3	1	8	2	7

066

9	1	4	7	8	2	3	5	6
7	6	3	4	5	1	8	9	2
8	5	2	3	6	9	1	4	7
6	3	9	2	1	8	4	7	5
4	2	5	9	7	3	6	8	1
1	8	7	6	4	5	2	3	9
5	7	1	8	2	4	9	6	3
2	9	8	5	3	6	7	1	4
3	4	6	1	9	7	5	2	8

067

9	5	8	4	1	7	3	2	6
7	4	2	3	6	8	1	5	9
3	1	6	2	9	5	4	8	7
6	8	7	9	2	1	5	4	3
5	3	1	7	4	6	2	9	8
2	9	4	8	5	3	6	7	1
1	6	9	5	8	4	7	3	2
8	7	5	1	3	2	9	6	4
4	2	3	6	7	9	8	1	5

068

1	7	4	9	8	2	5	3	6
9	3	2	5	1	6	8	7	4
8	6	5	4	3	7	2	1	9
5	2	6	1	7	9	4	8	3
4	8	9	3	6	5	1	2	7
3	1	7	2	4	8	9	6	5
6	9	8	7	5	1	3	4	2
2	4	1	6	9	3	7	5	8
7	5	3	8	2	4	6	9	1

069

4	2	3	8	1	9	7	5	6
1	6	8	4	7	5	3	9	2
9	5	7	3	6	2	1	8	4
3	9	6	1	2	8	4	7	5
8	4	1	6	5	7	2	3	9
5	7	2	9	3	4	8	6	1
2	1	9	7	8	6	5	4	3
7	3	4	5	9	1	6	2	8
6	8	5	2	4	3	9	1	7

070

6	3	7	8	2	5	1	9	4
9	2	5	6	1	4	8	3	7
1	8	4	7	9	3	6	5	2
4	9	8	5	3	1	7	2	6
2	6	1	9	7	8	3	4	5
7	5	3	4	6	2	9	8	1
8	7	2	1	5	9	4	6	3
5	1	9	3	4	6	2	7	8
3	4	6	2	8	7	5	1	9

071

1	9	5	2	4	8	7	3	6
3	8	2	7	5	6	1	9	4
4	6	7	9	3	1	2	8	5
8	3	4	1	7	9	6	5	2
5	1	6	3	8	2	9	4	7
7	2	9	5	6	4	8	1	3
6	7	3	8	9	5	4	2	1
2	5	8	4	1	7	3	6	9
9	4	1	6	2	3	5	7	8

072

6	9	7	2	5	3	8	4	1
1	5	4	8	7	9	2	3	6
2	8	3	1	6	4	7	5	9
5	7	1	3	9	2	6	8	4
3	4	2	5	8	6	9	1	7
9	6	8	7	4	1	3	2	5
7	1	9	4	3	8	5	6	2
4	3	6	9	2	5	1	7	8
8	2	5	6	1	7	4	9	3

073

6	5	7	8	1	2	3	4	9
2	9	1	4	5	3	7	6	8
8	3	4	9	7	6	1	5	2
3	1	2	7	6	4	8	9	5
7	4	6	5	9	8	2	1	3
5	8	9	2	3	1	4	7	6
1	6	5	3	2	7	9	8	4
4	7	3	6	8	9	5	2	1
9	2	8	1	4	5	6	3	7

074

7	2	8	3	4	9	6	1	5
4	1	9	6	2	5	8	7	3
3	6	5	8	7	1	4	2	9
1	5	6	4	9	3	7	8	2
2	8	3	5	6	7	1	9	4
9	4	7	2	1	8	3	5	6
5	7	1	9	3	6	2	4	8
8	3	4	1	5	2	9	6	7
6	9	2	7	8	4	5	3	1

075

2	9	7	5	3	8	4	6	1
5	8	4	1	2	6	3	7	9
1	6	3	4	9	7	2	5	8
7	3	5	9	4	1	6	8	2
6	4	1	8	7	2	9	3	5
8	2	9	6	5	3	7	1	4
9	7	8	2	6	5	1	4	3
4	5	6	3	1	9	8	2	7
3	1	2	7	8	4	5	9	6

076

2	1	6	5	4	3	8	7	9
4	5	7	9	8	6	3	2	1
8	9	3	1	2	7	4	6	5
5	7	1	3	6	2	9	8	4
3	4	8	7	9	1	6	5	2
9	6	2	4	5	8	1	3	7
6	2	4	8	7	9	5	1	3
1	8	9	2	3	5	7	4	6
7	3	5	6	1	4	2	9	8

077

5	7	1	8	3	9	2	6	4
2	9	3	6	4	5	7	1	8
6	8	4	1	7	2	3	5	9
1	5	8	9	2	3	4	7	6
9	6	2	4	8	7	1	3	5
4	3	7	5	1	6	8	9	2
3	1	6	2	5	4	9	8	7
8	2	9	7	6	1	5	4	3
7	4	5	3	9	8	6	2	1

078

7	2	1	9	6	8	4	3	5
3	9	8	5	4	2	7	6	1
5	6	4	7	1	3	2	8	9
1	8	3	2	7	6	9	5	4
9	4	6	8	5	1	3	2	7
2	5	7	3	9	4	8	1	6
4	1	2	6	3	9	5	7	8
6	3	5	4	8	7	1	9	2
8	7	9	1	2	5	6	4	3

079

7	9	4	5	2	6	8	1	3
8	1	2	3	4	9	5	7	6
3	5	6	8	7	1	2	9	4
6	2	9	4	1	5	3	8	7
1	8	3	9	6	7	4	2	5
5	4	7	2	8	3	1	6	9
9	3	1	6	5	8	7	4	2
2	7	5	1	9	4	6	3	8
4	6	8	7	3	2	9	5	1

080

4	7	3	9	5	2	1	6	8
1	5	6	3	7	8	9	2	4
2	8	9	6	1	4	3	7	5
9	6	5	8	3	1	7	4	2
8	2	1	4	6	7	5	9	3
7	3	4	2	9	5	8	1	6
6	1	7	5	4	3	2	8	9
5	4	2	1	8	9	6	3	7
3	9	8	7	2	6	4	5	1

081

6	3	7	4	5	2	1	9	8
1	9	2	8	3	6	4	5	7
5	8	4	7	1	9	6	2	3
4	5	3	6	8	1	2	7	9
9	7	6	5	2	4	3	8	1
8	2	1	9	7	3	5	6	4
3	6	9	2	4	8	7	1	5
2	1	5	3	9	7	8	4	6
7	4	8	1	6	5	9	3	2

082

3	8	2	9	6	4	5	7	1
1	9	5	2	8	7	4	3	6
4	7	6	3	1	5	9	2	8
2	5	8	6	4	9	7	1	3
7	3	1	5	2	8	6	9	4
9	6	4	1	7	3	8	5	2
8	4	3	7	9	2	1	6	5
6	2	7	4	5	1	3	8	9
5	1	9	8	3	6	2	4	7

083

1	3	7	6	4	8	2	9	5
6	8	2	9	3	5	4	7	1
5	9	4	2	1	7	3	6	8
4	5	3	7	9	1	6	8	2
7	1	8	5	2	6	9	3	4
9	2	6	3	8	4	1	5	7
8	4	5	1	6	9	7	2	3
3	7	9	4	5	2	8	1	6
2	6	1	8	7	3	5	4	9

084

1	4	8	3	9	6	5	7	2
3	9	2	7	8	5	6	1	4
6	7	5	4	2	1	3	8	9
9	1	4	5	3	7	8	2	6
2	3	7	9	6	8	1	4	5
8	5	6	1	4	2	7	9	3
7	8	9	6	5	4	2	3	1
4	6	1	2	7	3	9	5	8
5	2	3	8	1	9	4	6	7

085

7	3	9	6	4	2	8	5	1
2	6	1	7	5	8	9	3	4
4	8	5	1	3	9	6	7	2
5	4	3	9	7	1	2	8	6
6	7	2	4	8	3	5	1	9
9	1	8	2	6	5	3	4	7
8	2	4	5	9	7	1	6	3
3	9	7	8	1	6	4	2	5
1	5	6	3	2	4	7	9	8

086

5	9	1	7	2	3	8	6	4
4	2	8	6	5	9	3	7	1
6	3	7	4	8	1	5	2	9
8	7	6	1	4	2	9	3	5
2	1	9	5	3	7	4	8	6
3	4	5	8	9	6	2	1	7
1	5	4	3	6	8	7	9	2
9	6	3	2	7	4	1	5	8
7	8	2	9	1	5	6	4	3

087

5	8	4	1	3	9	2	6	7
1	7	9	6	2	8	4	5	3
2	3	6	4	5	7	1	9	8
7	1	5	2	8	6	9	3	4
4	6	2	9	7	3	5	8	1
8	9	3	5	4	1	6	7	2
3	5	1	8	6	2	7	4	9
9	4	8	7	1	5	3	2	6
6	2	7	3	9	4	8	1	5

088

3	1	7	5	2	4	8	6	9
9	4	5	8	6	1	2	7	3
2	6	8	9	7	3	1	5	4
6	5	9	4	3	8	7	1	2
8	7	4	6	1	2	9	3	5
1	3	2	7	9	5	4	8	6
7	2	6	1	5	9	3	4	8
5	8	3	2	4	7	6	9	1
4	9	1	3	8	6	5	2	7

089

7	2	9	3	1	5	8	4	6
6	5	8	4	2	7	3	1	9
4	3	1	6	9	8	7	5	2
9	4	3	5	8	6	1	2	7
8	6	2	1	7	9	4	3	5
5	1	7	2	3	4	9	6	8
3	7	5	8	6	1	2	9	4
1	8	6	9	4	2	5	7	3
2	9	4	7	5	3	6	8	1

090

3	2	6	5	8	1	4	7	9
8	5	9	7	4	2	6	3	1
7	4	1	9	6	3	8	5	2
9	6	5	3	2	8	1	4	7
4	8	7	1	5	9	2	6	3
2	1	3	6	7	4	5	9	8
5	7	8	2	3	6	9	1	4
1	3	4	8	9	5	7	2	6
6	9	2	4	1	7	3	8	5

休み時間パズル
なかよく分けて

26ページ

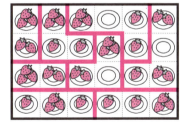

68ページ

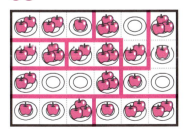

110ページ

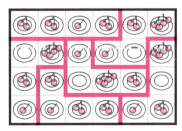

ステップアップナンプレ
大きい数と小さい数

001

1	3	2
3	2	1
2	1	3

(1行目3と2行目2の間 ∨、2行目3と3行目2の間 ∨、2行目2と3行目1の間 ∨、2行目1と3行目3の間 ∧)

002

1	3	2
2	1	3
3	2	1

(1行目1と2行目2の間 ∧、1行目2と2行目3の間 ∧)

003

2 < 3　　1
1 < 2 < 3
3　　1 < 2

004

3	1	4	2
4	2 < 3 > 1		
2 < 4 > 1		3	
1	3	2	4

005

2	1	4	3
1 < 2	3 < 4		
4	3	1	2
3	4	2	1

(2行目2と3行目3の間 ∧、2行目3と3行目1の間 ∨)

006

3	1	4	2
1	2	3	4
4	3	2	1
2	4	1	3

(1行目1と2行目2の間 ∧、1行目4と2行目3の間 ∨、2行目1と3行目4の間 ∧、2行目2と3行目3の間 ∧、2行目3と3行目2の間 ∨、2行目4と3行目1の間 ∨)

007

3	2	1	4
1	4	3	2
4	3	2	1
2	1	4	3

(1行目1と2行目3の間 ∧、2行目1と3行目4の間 ∧、2行目3と3行目2の間 ∧、2行目4と3行目3の間 ∨)

008

2	1 < 3	4
∧		
3	4	2	1
∧		∧	
4	3	1	2
			∧
1	2 < 4	3

009

4	3	2	1
2	1 < 4	3
∨			∨
1	4	3	2
3 > 2	1 < 4

010

3	2	1	4
4 > 3 > 2 > 1
	∧	∧	
1	4	3	2
	∨	∧	
2	1	4	3

011

4 > 3 > 1 < 2
3	4	2	1
	∨	∧	
1	2	3	4
	∨	∧	
2	1	4	3

012

4 > 1	2	5	3
	∨			
2 < 3 > 1	4	5
5	2	3	1	4
1	5	4 > 3 > 2
	∨			
3	4	5	2 > 1

013

3	4	2	1	5
2 < 3 > 1	5	4
5	2 < 3 < 4	1
4	1	5 > 2 < 3
1	5	4	3	2

014

2	5 > 4 > 3	1
∧			∧
3	4	1	5	2
∧			∧
4	1	5	2	3
1	2	3	4	5
5 > 3 > 2 > 1 < 4

015

4 > 3	2	5	1
	∨		
3	5	1	4	2
	∨		∨
1	4	3	2	5
	∨		∨
5	2	4	1	3
		∧	
2	1	5	3 < 4

監修／**村上綾一**

中学受験塾「エルカミノ」代表。1977年生まれ。早稲田大学を卒業後、大手進学塾の最上位クラス指導や教材・模試などの制作を経て株式会社エルカミノを設立。理数系の教育を得意とする。直接授業も担当し、御三家中学（開成・麻布・武蔵）や筑波大学附属駒場中学、算数オリンピック、東大に多数の生徒を送り出している。映画「デスノート『L change the WorLd』」では数理トリックの制作を担当。著書は『面積迷路』（学研）、『人気講師が教える理系脳のつくり方』（文藝春秋）、『自分から勉強する子が育つ お母さんの習慣』（ダイヤモンド社）、『中学受験で成功する子が10歳までに身につけていること』（KADOKAWA）など。

著／**津内口真之**

パズル制作を担当。ワード系パズルから理数系パズルまで、オールラウンドに活躍。編著書にナンプレBOOKS『入門ナンプレ1』（小社刊）がある。

わくわく！ 小学生のナンプレ むずかしい

発行日　2018年7月15日　初版第1刷発行

デザイン：川添藍	発行者　井澤豊一郎
イラスト：すがわらけいこ	発行　株式会社世界文化社
パズルイラスト：赤澤英子	〒102-8187 東京都千代田区九段北4-2-29
編集：末永瑛美	電話　03-3262-5125（編集部）
編集協力：石村明淑（ボーン）	03-3262-5115（販売部）
版下制作：河西あゆみ	印刷・製本　共同印刷株式会社
校正：文字工房燦光	

© Sekaibunka-sha, 2018. Printed in Japan
ISBN 978-4-418-18825-3

無断転載・複写を禁じます。
定価はカバーに表示してあります。
落丁・乱丁のある場合はお取り替えいたします。